COLLECTION DE M. M.

ESTAMPES

ANCIENNES ET MODERNES

Gravures, Eaux-Fortes, Lithographies

Aquarelles, Dessins

VENTE

Du Mercredi 16 Mai 1894

Mᵉ Maurice DELESTRE	**M. L. DUMONT**
COMMISSAIRE-PRISEUR	EXPERT, MARCHAND D'ESTAMPES
Rue Drouot, 27	Rue Laffitte, 27

PARIS — 1894

IMPRIMERIE MAULDE et RENOU

———

A. MAULDE & Cie

IMPRIMEURS DE LA COMPAGNIE DES COMMISSAIRES-PRISEURS

Rue de Rivoli, 144. — Paris

CATALOGUE

ESTAMPES

Gravures, Eaux-Fortes, Lithographies

ÉCOLE ANCIENNE

GRAVURES ENCADRÉES, AQUARELLES

DESSINS

DONT LA VENTE AUX ENCHÈRES PUBLIQUES AURA LIEU

HOTEL DES COMMISSAIRES-PRISEURS

RUE DROUOT, 9, SALLE No 9

Le Mercredi 16 Mai 1894

A DEUX HEURES

Par le ministère de Mᵉ **Maurice DELESTRE**, Commissaire-Priseur
rue Drouot, 27

Assisté de **M. L. DUMONT**, Expert, Marchand d'Estampes,
rue Laffitte, 27

PARIS — 1894

CONDITIONS DE LA VENTE

———

Elle sera faite au comptant.

Les Acquéreurs paieront CINQ POUR CENT en sus des enchères, applicables aux frais.

M. DUMONT se charge de remplir les commissions des personnes qui ne pourraient assister à la vente.

———

L'ordre du Catalogue sera suivi.

MM. les Amateurs pourront examiner les Estampes chez M. L. DUMONT, 27, rue Laffitte.

A . MAULDE et Cie, imprimeurs de la Compagnie des Commissaires-Priseurs
rue de Rivoli, 144.   500—12281

DÉSIGNATION

ÉCOLE ANCIENNE

AUDRAN, MELLAN

1 — Énée sauvant ses dieux. — Statues, etc. Cinq
pièces, belles épreuves.

BALÉCHOU

2 — Latone vengée, d'après Laval, gr. in-fol., très belle
épreuve.

3 — Sainte Geneviève, d'après Lebrun. Belle épreuve,
remarquée.

BAUDOIN

4 — Annette et Lubin, par Ponce. Belle épreuve.

BEAUVARLET, DREVET, etc.

5 — Acis et Galathée, d'après L. Giordano. — Adam et
Ève, d'après Coypel. — Les Vierges sages et folles
— Trois pièces, belles épreuves.

BEAUVARLET, DE LONGUEUIL

6 — Actéon. -- Diane et Actéon. Deux pièces, belles
épreuves.

BÉHAM, LUCAS DE LEYDE, etc.

7 — Les Arts libéraux. — La Passion, etc. Neuf pièces,
belles épreuves.

BERGHEM

8 — Le Cabaret. — La Nuit, deux pièces par Danckerts.
Belles épreuves.

BERGHEM, DUJARDIN, POTTER

9 — Scènes champêtres. — Animaux. Dix-sept pièces, belles épreuves.

BLOEMAERT, PÉRIER

10 — Diane endormie. — Sainte Famille, etc. Cinq pièces, belles épreuves.

BONASONE, GHISI

11 — Noé sortant de l'arche, d'après RAPHAEL. — Dispute du Saint-Sacrement. Deux pièces, belles épreuves.

CALLOT, CASTIGLIONE, etc.

12 — Sujets divers. Dix pièces, belles épreuves.

CARRACHE, LE TITIEN, VÉRONÈSE

13 — Jésus et la Samaritaine. — Vénus et l'Amour. — Jacob et l'Ange, etc. Quatre pièces, belles épreuves.

CHAUVEAU (F.)

14 — La Vie de Saint Bruno, d'après LESUEUR, vingt-deux planches. — Fantaisies phrénologiques, douze planches. Trente-quatre pièces.

COCHIN, BASAN

15 — Frontispice de l'Encyclopédie. — La Crédulité. — Calypso, etc. Cinq pièces, belles épreuves.

DANZEL, LE BEAU, etc.

16 — La Vertu irrésolue, d'après SAINT-AUBIN. — La Réalité du plaisir. — L'Agréable surprise. — L'Enfant au chien. Quatre pièces, belles épreuves.

DELORME

17 — Nécessité n'a pas de loi, par Mᴵˡᵉ PAPAVOINE. Belle épreuve encadrée.

DIVERS

18 — Portraits anciens, etc. Huit pièces.

EISEN

19 — Vignettes pour les Contes de La Fontaine. Douze pièces, très belles épreuves.

FRAGONARD

20 — Le Parc (eau-forte originale). Très belle épreuve.

21 — Le Petit Prédicateur, par DE LAUNAY. Belle épreuve.

GAUTIER (L.)

22 — César Baronius. — Rabener. — H. Fourment, etc. Quatre pièces, belles épreuves.

GERMAIN, H. ROBERT

23 — Paysages, suite de huit pièces, plus dix Vues. Ensemble dix-huit pièces, belles épreuves.

HUET (J.-B.)

24 — Ornements. — Scènes champêtres. — Dix-huit sujets sur sept feuilles. Très belles épreuves.

LANTARA

25 — Profitons du moment. — Le Mal sans remède. Deux pièces, très belles épreuves.

MARTINET

26 — Le Bal du May, d'après SLODZ. Très belle épreuve.

MASSARD, VANDRAMINI

27 — L'Empereur Alexandre Iᵉʳ. — Mˡˡᵉ Georges et Mˡˡᵉ Bourgoin, d'après DU BOIS. Deux pièces, belles épreuves.

MOREAU (LE JEUNE)

28 — Marie-Antoinette, vignette d'après DUCLOS, plus quatre pièces d'un pamphlet sur la Vie de Marie-Antoinette. Cinq pièces, belles épreuves.

NORBLIN

29 — La Résurrection de Lazare. — Femme avec un militaire. Deux pièces, très belles épreuves.

PRUD'HON

30 — Le Zéphyr, essai de gravure. Très belle épreuve.

RAIMONDI

31 — La Cassolette. — Apollon. Deux pièces, belles épreuves.

REMBRANDT

32 — Joseph et Putiphar. — Portraits. Quatre pièces, belles épreuves.

33 — La Famille du Menuisier, deux pièces différentes par MARTINI et VILLIERS. Belles épreuves.

ROGER, SAINT-AUBIN, CLAESSENS, etc.

34 — Portraits et pièces relatives à Marie-Antoinette, à Louis XVI et à la famille royale. — Médaillon d'après SAUVAGE. — Le Saule pleureur avec les profils. — Mausolée de Marie-Thérèse, etc. Onze pièces, très belles épreuves.

TESTA, GRÉGORI

35 — Bas-Reliefs et Statues antiques. Neuf pièces, belles épreuves.

TIEPOLO (G.-B.)

36 — Les Caprices. Suite complète de dix pièces avec le titre. Très belles épreuves.

———

EAUX-FORTES, GRAVURES
LITHOGRAPHIES

ANONYME

37 — Les quatre Sergents de la Rochelle, apothéose avec médaillons, lithographie, très belle épreuve d'artiste. Rare.

ARAGO (J.)

38 — Le Guet, lithographie originale pour un titre de Romance. Très belle épreuve. Rare.

AUBRY-LECOMTE, BELLANGER

39 — Erigone. — Eve, etc. Trois pièces, belles épreuves.

BARGUE

40 — Jeux folâtres. — Pensées intimes, etc. Quatre pièces, belles épreuves.

BARON

41 — Un Trouvère, d'après COUTURE. — Arlequin. — Ribéra. — Paysage, par J. DUPRÉ. Sept pièces, très belles épreuves.

BIENNOURRY

42 — Portrait de Drolling, peintre, par CASTAN. Très belle épreuve d'artiste sur Chine.

BLANC (CH.)

43 — J. Lutma. — Saskia, d'après REMBRANDT. Deux pièces, belles épreuves.

BOCOURT (DE)

44 — Millet (J.-F.). Très belle épreuve d'artiste sur Japon.

BONVIN, FRÈRE (Ed.)

45 — Enfant mangeant sa soupe. — Intérieur de cuisine, plus un Dessin, etc. Cinq pièces.

BOULANGER (L.)

46 — Les Orientales. — L'Attaque du Lion. — L'Attaque du Tigre, etc. Sept pièces, très belles épreuves.

BRACQUEMOND

47 — Th. Gautier. — Champfleury. Trois pièces, belles épreuves.

BRACQUEMOND, BUHOT, LEWIS BROWN

48 — Le Repos. — Frontispice de l'*Illustration nouvelle*. — Amazone. Quatre pièces, dont trois épreuves d'artiste

BURNEY

49 — Le Pape Innocent XIII, d'après VELASQUEZ. Très belle épreuve d'artiste. Signée.

CALAMATTA

50 — George Sand en habit d'homme. Très belle épreuve d'artiste avec le nom à la pointe.

51 — M. Guizot, d'après P. DELAROCHE. Très belle épreuve sur Chine.

CARAVAGLIA

52 — La Vierge à la Chaise, d'après RAPHAEL. Très belle épreuve avant la lettre.

CHAPLIN, LEFEBVRE

53 — Portraits de Daubigny. — Ricard. — La Comparaison. — Jeune Fille. — Le Rêve, etc. Six pièces dont quatre épreuves d'artiste.

CHARLET

54 — Le Bulletin de Navarin avec les croquis. — L'Aveugle et son Chien. — Les deux Coqs, etc. Quatre pièces, belles épreuves.

CHIFFLARD

55 — La Guerre civile. Très belle épreuve d'artiste.

COROT

56 — Paysage d'Italie. Très belle épreuve d'artiste sur Japon.

COROT (D'après)

57 — Soleil couchant. — Danse antique. — Le Soir. — Démocrite, etc. Six pièces par FRANÇAIS, PIRODON, très belles épreuves.

COURTRY, FLAMENG

58 — Les Amateurs d'Estampes, d'après MEISSONIER. — Portrait d'Homme, d'après REMBRANDT. Deux pièces, très belles épreuves d'artiste.

DAUBIGNY

59 — Comment naissent les villes — L'Approche de l'Orage. — Choisy-le-Roy. — Vignettes pour Lachambaudie. Cinq pièces, très belles épreuves.

60 — Le Pré des Graves à Villerville. — Clair de lune à Valmondois, etc. Quatre pièces, très belles épreuves d'artiste.

DAUMIER, GRANVILLE, etc.

61 — Caricatures politiques, tirées du journal *La Caricature*. Vingt pièces en noir et en couleur.

DECAMPS

62 — Le Gardeur de porcs. — Corps de garde turc. — Patrouille à Smyrne. — Une Rencontre, etc. Sept pièces, belles épreuves.

DECAMPS (D'après)

63 — Diogène. — Le Caravansérail. — Samson. — Le Bain. — Gravures et Lithographies par C. NANTEUIL, FRANÇAIS, BOUQUET, MARVY, etc. Huit pièces, très belles épreuves.

DELACROIX (E.)

64 — Tigre couché dans le désert. Deux pièces, très belles épreuves du 2me état.

DELACROIX (Par et d'après E.)

65 — Médailles. — Noce juive. — Mort de l'Evêque de Liège. — La Barque du Dante, etc. Sept pièces, belles épreuves.

DELATRE (A.)

66 — Eaux-Fortes et pointes sèches : suite complète de douze pièces avec le titre. Très belles épreuves d'artiste.

DIAZ, LE ROUX

67 — Les Folles Amoureuses. — Imposture, etc. Huit pièces, très belles épreuves.

DIDIER

68 — Le Comte de Montalembert. — Beethoven, etc. Quatre pièces, belles épreuves.

DIVERS

69 — Anes à l'abreuvoir. — Un Impressario. — Steeple-Chase, etc. Huit pièces, belles épreuves.

DORÉ (G.)

70 — Horseguards. — L'Inondation. — Allégorie, etc. Quatre pièces, très belles épreuves d'artiste.

FEYEN-PERRIN, OUDART

71 — Paysages. — Vues, etc. Quinze pièces, belles épreuves d'artiste.

FLAMENG (Léon.)

72 — Le Prince Napoléon. Très belle épreuve d'artiste sur Chine. Très rare.

73 — Mlle de Girardin. Très belle épreuve d'artiste. Très rare.

74 — La Source. — Angélique, d'après Ingres. Deux pièces, belles épreuves sur Chine.

75 — Portrait de Rachel. — A. de Musset et Rachel, etc. Trois pièces, belles épreuves.

FLAMENG, LOS RIOS

76 — Mme Sarah Bernhardt. — Mme Pasca. — Mme Feydeau. Trois pièces. Très belles épreuves sur Chine.

FRANÇAIS

77 — Paysages. — Les Baigneuses. — La Malaria, etc. lithographies d'après Rousseau. Diaz. Decamps. Hébert, etc. Seize pièces, très belles épreuves.

FRANÇOIS

78 — Mme L. Vernet-Delaroche, d'après Paul Delaroche. Très belle épreuve d'artiste. Rare.

GALERIE DE LA PRESSE

79 — Portraits : A. Dumas. — Th. Gautier. — V. Hugo. — A. Karr. — Lamartine. — Six pièces, très belles épreuves.

GALIMARD

80 — Léda, photographie signée par l'artiste d'un tableau détruit dans l'incendie des Tuileries.

GAILLARD

81 — Henri, comte de Chambord. Très belle épreuve sur Chine.

GAVARNI

82 — Son Portrait. — La Captive. — Gulnare. — Pépa.
— Le Commentaire. Treize pièces, très belles
épreuves plus un autographe de l'artiste.

83 — F. Sauvage. — Debelleyme. Deux pièces, très
belles épreuves.

84 — D'après nature. — Masques et Visages. Seize
pièces, très belles épreuves.

GAUCHEREL

85 — Harpignies, d'après DUBUFE. Très belle épreuve
d'artiste sur Japon.

GÉRICAULT

86 — Le Naufrage de la Méduse. — Lara blessé. —
Chevaux, etc. Cinq pièces, très belles épreuves.

87 — Le Giaour. — Etudes de chevaux. — Maréchal-
Ferrant, etc. Huit pièces, belles épreuves.

GÉROME

88 — Le Fumeur. Très belle épreuve d'artiste sur
Chine.

GIGOUX

89 — Tony et Alfred Johannot. Très belle épreuve.

GILBERT

90 — Van Loo et sa famille, d'après son tableau. Très
belle épreuve d'artiste.

91 — Mlle Rosita Mauri. Très belle épreuve d'artiste sur
Chine.

GRANVILLE

92 — Le Médecin malgré lui. Très belle épreuve d'artiste, toutes marges.

GREUZE

93 — Le Matin, par Morse. — Jeune Fille, d'après Ingres. Trois pièces, belles épreuves sur Chine.

GREVEDON (H.)

94 — Mlle Plessis, de la Comédie-Française. Très belle épreuve sur Chine.

GUDIN, GROS

95 — Un Naufrage. — Chef de Mamelucks. Deux pièces, très belles épreuves.

HUET (P.)

96 — Les Sources de Royat, gr. in-fol. Très belle épreuve sur Chine.

97 — Le Midi. — Saint-Cloud. — Château d'Eu, etc. Cinq pièces, très belles épreuves.

JACQUE (Ch.)

98 — Les Chanteurs. Très belle épreuve.

99 — La Pastorale. — Dans les Bois. Deux pièces, très belles épreuves d'artiste sur Chine.

100 — M. Luquet. Très belle épreuve d'artiste sur Chine.

101 — Un Verger. — Pêche au vif. — Le Rouleau, etc. Quatre pièces, belles épreuves sur Chine.

102 — Une Cour à Paris. — La Maréchalerie. — Pifferaris, etc. Quatre pièces, belles épreuves sur Chine.

103 — Paysages. — Vaches hollandaises. — Poules, etc. Quatre pièces, belles épreuves sur Chine.

104 — Cour de Ferme. — Maison de paysans. — Le Remouleur. — Le Soir, etc. Seize pièces, belles épreuves.

JACQUE (Ch.)

105 — Sujets rustiques. — Les Mois de l'année. — Suite
complète de douze pièces gravées sur bois par
LAVIEILLE.

JACQUEMART, NARGEOT, etc.

106 — Défilé des populations lorraines. — Manon des
Chansons populaires. — Bois de Lavoignat. Huit
sujets sur trois feuilles. Belle épreuves.

JOHANNOT, ROQUEPLAN

107 — Scène d'Antony. — Classique et Romantique. —
Mlle Mars, etc. Six pièces, très belles épreuves.

LALANNE (M.)

108 — Souvenirs artistiques du Siège de Paris. Suite
complète de douze pièces avec la couverture. Très
belles épreuves.

109 — Chez Victor Hugo. Suite complète de douze pièces.
Très belles épreuves sur Chine. Signées.

110 — Les Roches-Noires à Trouville. — A Morlaix. —
Le Pont des Arts. — La Seine, etc. Huit pièces, très
belles épreuves d'artiste.

111 — Pièces relatives au Siège de Paris. Huit pièces,
très belles épreuves d'artiste sur Japon. Signées.

112 — Le Simoun. — La Charrette. — Vue de Grèce. —
Paysage, etc. Six pièces, très belles épreuves d'artiste.

LALANNE, RIBOT

113 — Aux environs de Paris. — Titre de Romance, etc.
Quatre pièces, belles épreuves.

LALAUZE

114 — La Balançoire. — Jeune pêcheuse. — Le Guet-
Apens. Trois pièces, très belles épreuves d'artiste.

LALAUZE

115 — Portraits de J.-J. Rousseau. — Quentin de la Tour, d'après les portraits du Musée de Saint-Quentin. Deux pièces, très belles épreuves d'artiste.

116 — La Camargo et Femmes célèbres du XVIIIᵉ siècle, d'après QUANTIN DE LA TOUR. Cinq pièces, très belles épreuves d'artiste.

117 — Personnages du XVIIIᵉ siècle, d'après QUANTIN DE LA TOUR. Trois pièces, très belles épreuves.

LAMY (E.), MORLON

118 — Un Salon du Grand monde. — Chasse à Compiègne. — Bal à la Cour, etc. Cinq pièces, belles épreuves.

LEMUD (DE), SAINT-EVRE

119 — Portrait de Gigoux. — Légende des frères Van Eyck. — Scène de Henri III. Cinq pièces, belles épreuves.

LEPIC (Comte)

120 — Chien de garde. — Diane. Deux pièces, très belles épreuves d'artiste.

LEROUX (E.)

121 — Poules cochinchinoises. — Joconde. — Les Bohémiens, lithographies d'après CH. JACQUEL, COUTURE, DECAMPS. Quatre pièces, très belles épreuves.

LEROUX, DUPONT (H.)

122 — La Vierge au coussin, d'après A. DEL SARTE. — Le Relancé du Sanglier, d'après JADIN. — Cromwell. Trois pièces, belles épreuves, dont une d'artiste.

LITHOGRAPHIES

123 — Paysages. — Vues. — Etudes, etc. Soixante-six pièces.

LITHOGRAPHIES

124 — Basse-Cour. — Le Sphinx. — Le Nouveau-Né.
Trois pièces, belles épreuves.

LUCAS

125 — Goya, d'après LOPEZ. — Autre Portrait par lui-
même. Deux pièces, belles épreuves d'artiste.

MARE (DE)

126 — Gaillard, peintre et graveur. Très belle épreuve
d'artiste sur Chine.

MARTIAL, LUCAS

127 — La Maison Cadart. — Les Juifs à Babylone. — Le
Mariage du Doge. Belles épreuves.

MARVY (L.)

128 — Un Étang, d'après J. DUPRÉ. — Fontainebleau,
d'après TROYON. — Paysages, d'après REMBRANDT, etc.
Neuf pièces, très belles épreuves.

MASSARD

129 — Portraits de Femmes pour illustration, d'après
VAN LOO. Cinq pièces, très belles épreuves d'artiste.

130 — Portrait d'Homme pour illustration, d'après VAN
LOO. Trois états différents, très belles épreuves.

MEISSONIER (E.)

131 — Le Sergent rapporteur. Très belle épreuve.

132 — Polichinelle. Très belle épreuve d'artiste sur
grand papier.

MEISSONIER (D'après)

133 — Gentilhomme Louis XIII, par CH. BLANC. Très
belle épreuve d'artiste.

134 — A. Dumas, par MONGIN. Très belle épreuve d'artiste sur Japon. Signée.

MEISSONIER (D'après)

135 — Un Cavalier, par Gilbert. Très belle épreuve sur Japon. Signée.

136 — Porte-Drapeau. — La Halte. — Un Gentilhomme, etc. Six pièces, belles épreuves.

137 — L'Audience. — L'Amateur de Tableaux. Deux pièces, très belles épreuves.

138 — Le Liseur, par C. Nanteuil. Très belle épreuve sur Chine.

139 — Joueur de Basse, par Mouilleron. Très belle épreuve d'artiste avec dédicace. Rare.

MERCIER

140 — La Fidélité, d'après F. Hals. — Sujet religieux, d'après Rubens. Deux pièces, très belles épreuves d'artiste.

MERCURY (P.)

141 — Mᵐᵉ de Maintenon, d'après Petitot. Très belle épreuve avant l'encadrement sur Chine.

142 — La même Estampe. Très belle épreuve avec l'encadrement sur Chine.

MÉRYON (Ch.)

143 — La Galerie Notre-Dame. Très belle épreuve.

144 — La Rue des Toiles, à Bourges. Très belle épreuve.

145 — La Pompe Notre-Dame. — La Tour de l'Horloge. Deux pièces, belles épreuves.

MILIUS

146 — Goya, d'après lui-même. Très belle épreuve d'artiste sur Japon.

147 — Sauvage, peintre, d'après Donvé. Très belle épreuve d'artiste sur Japon.

MILIUS

148 — Portrait de Femme, d'après WATTEAU. Très belle épreuve d'artiste sur Japon. Signée.

149 — Au Bord de la mer, d'après DUEZ. — Jeune Fille à la gaufre. Deux pièces, belles épreuves d'artiste.

150 — Van Dyck et son protecteur, d'après VAN DYCK. Très belle épreuve d'artiste sur Japon. Signée.

MILLET, ROUSSEAU

151 — Broyeuse de Chanvre. — *Fac-simile* d'autographe. — Le Chêne de Roches. Trois pièces, belles épreuves.

MILLET (D'après)

152 — La Fileuse. — Le Vanneur. — Leçon de couture. lithographies par MOUILLERON, VERNIER. Trois pièces, très belles épreuves.

153 — La Fileuse. Très belle épreuve d'artiste sur Japon.

MONGIN

154 — Le passage du North-West, d'après MILLAIS. — L'Attente, d'après STEVENS. Deux pièces, très belles épreuves.

155 — Le Toréador, d'après VIBERT. Très belle épreuve d'artiste.

MONZIÈS

156 — Un Amateur. — Jeune Fille, d'après FRAGONARD. Deux pièces, très belles épreuves d'artiste.

MONZIÈS, FOUQUET

157 — La Folie d'Hugo Van der Goës, d'après WAUTERS. — La Convalescente, d'après DUEZ. — La Paye des Moissonneurs, d'après LHERMITTE, etc. Sept pièces, belles épreuves d'artiste.

MOUILLERON

138 — L'Amour de l'or, d'après COUTURE. — Le Titien. — Charles-Quint. — Ambroise Paré, d'après R. FLEURY. — Intérieur, d'après Ch. JACQUE. Dix pièces, très belles épreuves.

MOUILLERON, FRANÇAIS, etc.

159 — Titres de Romances. — Gypsi. — Un Chemin, etc. Neuf pièces, très belles épreuves.

NANTEUIL (C.)

160 — Le Départ. — La Révolte. — Titres de Romances. — Frontispices, etc. Dix-neuf pièces, très belles épreuves.

161 — Avenir. — Portrait de Calvin. Deux pièces, belles épreuves.

PANNIER

162 — A. Thiers, d'après Mme DE MIRBEL. — Gambetta, par ABOT. Deux pièces, très belles épreuves d'artiste.

PÉQUÉGNOT

163 — Paysages, suite complète de douze pièces avec le titre, plus divers. Ensemble dix-sept pièces, très belles épreuves.

PRUD'HON

164 — La Soif de l'or. — L'Égratignure. — Vénus au bain. Trois pièces, très belles épreuves.

RAFFET

165 — Il est défendu de fumer. — Abordez l'ennemi. — Conquête de la Hollande. Trois pièces, belles épreuves.

166 — Le Prince Demidoff. — Catalans sur la Rambla. Trois pièces, très belles épreuves.

RAFFET

167 — Siège de Rome. Onze pièces, très belles épreuves.

168 — La Retraite de Russie. — Prise d'un Retranche-
ment. — Mirabeau, etc. Cinq pièces, belles épreuves.

RAJON (P.)

169 — Finette. — L'Indifférent, d'après WATTEAU. Deux
pièces, belles épreuves sur Chine.

REGNAULT (T.-C.)

170 — Portraits. — A. Chevé. — G. Garnier. — Gratiolet.
— De Guigne, etc. Onze pièces, dont neuf épreuves
d'artiste.

ROBERT (L.)

171 — Son Portrait. — Scènes de la Campagne romaine.
— Paysage, par REYNOLDS. Cinq pièces, belles
épreuves.

ROCHEBRUNE (O. DE)

172 — Cour intérieure du Château de Blois. Belle épreuve.

SOMM (H.)

173 — Programmes. — Adresses. — Titre, etc. Cinq
pièces, très belles épreuves d'artiste.

174 — Croquis de Femme, pointe sèche. Très belle
épreuve d'artiste sur Japon. Signée.

TRIMOLET, DEVÉRIA

175 — Le Comic-Almanach, deux exemplaires. — Mélo-
dies romantiques, par Mme J. MÉNESSIER, née Charles
NODIER. — Romances avec Titres par DEVÉRIA, L.
BOULANGER, etc.

VERNIER

176 — Une Meute sous bois. — En Forêt. Deux pièces,
très belles épreuves d'artiste sur Chine.

VIGNETTES

177 — Pour les *Fables* de La Fontaine, par Delierre et divers. Seize pièces, très belles épreuves d'artiste.

WALTNER

178 — Mme Vigée-Lebrun, d'après elle-même. Très belle épreuve d'artiste sur Chine.

WATTIER, WILD

179 — Saint-Preux et Julie, épreuve du 1er état. — La Mandoline. — Le grand Canal à Venise. Trois pièces, très belles épreuves d'artiste.

YON (Ed.)

180 — Paysages. Cinq pièces, belles épreuves.

GRAVURES ENCADRÉES

181 — **Buland.** Portrait de Femme. Épreuve d'artiste.

182 — **Burney.** La Chocolatière, d'après Liotard. Épreuve d'artiste.

183 — **Fortuny.** Le Choix du Modèle, par Champollion.

184 — **Gaillard.** Dom Guéranger, abbé de Solesmes.

185 — **Gautier.** Marine. Épreuve d'artiste.

186 — **Goupil (J.).** Une Merveilleuse, par Martial. Épreuve d'artiste.

187 — Incroyable, par Martial. Épreuve d'artiste.

188 — **Greuze.** Jeune Femme au voile, par Massard. Épreuve d'artiste.

189 — **Huet et Guelard.** Singeries ou différentes actions de la vie humaine représentées par des singes. Quinze sujets.

190 — **Ingres**. La Source, par L. Flameng.

191 — **Jacque** (Ch.). La Pastorale. Épreuve d'artiste.

192 — **Jacquemart** (J.) Son Portrait en *fac-simile* d'aquarelle.

193 — **Kaemmerer**. Le Charlatan. Épreuve d'artiste.

194 — **Lhermitte**. La Cathédrale de Rouen.

195 — **Rajon**. Intérieur hollandais, d'après J. Steen. Épreuve d'artiste.

196 — **Stèvens**. Jeune Femme, par Jasinski. Épreuve d'artiste.

197 — **Vollon**. Une Pêcheuse de Crevettes. Épreuve d'artiste.

AQUARELLES, DESSINS

198 — **Anonyme**. Une Escarmouche, dessin à la plume.

199 — Vénus sur les eaux, à la sanguine.

200 — Bouquet de roses dans une corbeille. Aquarelle rehaussée de gouache. Encadrée.

201 — **Audy** (J.). Gladiateur avec son Jockey. Grande aquarelle. Signée. Encadrée.

202 — **Bellangé** (H.) Croquis et Études de Fillettes, à la mine de plomb. Encadrée.

203 — **Callot**. Seigneur et Dame. — Comédien. Deux dessins au crayon noir rehaussé de blanc.

204 — **Collignon** (Jules). Un Pèlerinage, à la mine de plomb. Signé.

205 — **Dreux** (A. de). Amazone, au crayon. Encadré.

206 — **Ecole ancienne**. Madeleine au désert (miniature). — Femme défendant son enfant contre un lion. — Un Coq. — Paysage. Cinq pièces.

207 — **Ecole française**. Jeune Femme couchée. — Têtes de Jeunes Femmes et d'Enfants. Deux dessins à la sanguine.

208 — Françoise de Rimini, croquis par A. SCHEFFER. — Jeune enfant avec une Chèvre. — Retour d'un Pèlerinage. Quatre dessins à la plume et à la sépia.

209 — Jeune Fille avec une Colombe. — Têtes de Jeune Femme. — Divers. Sept pièces au deux crayons et à la sanguine.

210 — **Gavarni**. Danseur, à la mine de plomb. Encadré.

211 — **Goya**. Types espagnols, croquis à la sépia. Encadré.

212 — Scène des Caprices, à la sépia. Encadré.

213 — **Grévin**. Costume de ballet. Aquarelle encadrée.

214 — Costumes de ballet à l'aquarelle. Encadrés.

215 — **Julien**, etc. Vue du Colysée à Rome, peinture sur taffetas. — Ischia. — Une Ferme. — Jardin. Quatre dessins à la gouache et à l'encre de Chine.

216 — **Lefèvre** (R.). Abélard, dessin au crayon noir.

217 — **Lepin** (H.). Frontispice, à la plume, rehaussé. Encadré.

218 — **Lhéritier**. Portrait de Gabriel du Palais-Royal. Aquarelle encadrée.

219 — **Cl. Lorrain, S. Rosa, Ruysdaël**. Trois dessins à la plume et au crayon.

220 — **Noguès**. Portrait de jeune Femme, aux trois crayons.

221 — **Ouvrié** (J.). Vue d'un Château et d'un Parc. Dessin à la mine de plomb. Signé avec le cachet de la vente.

222 — **Philippoteaux**. Jeune Suissesse au marché. Très belle aquarelle. Encadrée.

223 — **Robert** (Hubert). Ruines d'un temple avec personnages. Aquarelle gouachée.

224 — **Rochard**. Portrait d'Actrice, aux deux crayons. Encadré.

225 — **Rogier** (C.). Jeune Femme devant un miroir. Aquarelle plus deux croquis.

226 — **Roqueplan**. Scène Romantique. Aquarelle encadrée.

227 — **Somm** (H.). Jeune Femme. Aquarelle encadrée.

228 — Jeune Femme. Grande aquarelle encadrée.

229 — **Tournemine** (De). Vue d'Orient (Croquis). Vue d'Egypte à la sépia. Deux pièces.

230 — **Uberti** (G.). Pavillon du *Figaro*, à Nice, à la plume. Encadré.

231 — **A. V. 1820**. Portrait de Mlle Mars, à l'encre de Chine.

232 — **Wattier** (E.). La Conversation. Très joli dessin aux deux crayons. Signé.

233 — Sous ce numéro, seront vendus les Dessins et Gravures non catalogués.